INSTRUCTION PRATIQUE

SUR

LA COMPOSITION, LA PRÉPARATION

ET L'EMPLOI

DES SOUPES AUX LÉGUMES,

DITES A LA *RUMFORD*.

INSTRUCTION PRATIQUE

SUR

LA COMPOSITION, LA PRÉPARATION

ET L'EMPLOI

DES SOUPES AUX LÉGUMES,

DITES A LA *RUMFORD*,

Rédigée par A. A. PARMENTIER,

Vice-Président de la Société Philantropique.

A PARIS,

Chez MÉQUIGNON l'aîné, Père, Libraire de la Faculté
de Médecine, rue de l'Ecole de Médecine.

1812.

INSTRUCTION PRATIQUE

SUR

LA COMPOSITION, LA PRÉPARATION

ET L'EMPLOI

DES SOUPES AUX LÉGUMES,

DITES A LA *RUMFORD*.

Dans la vue de donner à l'acte de la munificence Impériale la plus grande extension d'utilité, je m'empresse de rappeler sommairement les faits consignés dans deux Rapports (1) présentés en l'an 8 et en l'an 9, au Ministre de l'intérieur par le Comité central de Bienfaisance, chargé à cette époque d'examiner toutes les propositions tendantes à multiplier les ressources alimentaires des indigens.

C'est au Bureau de Bienfaisance de la division du Mail que nous devons l'impulsion de l'usage des soupes aux légumes. Le premier

---

(1) Ces deux Rapports se trouvent chez Méquignon l'aîné, Père, Libraire de la Faculté de Médecine, rue de l'Ecole de Médecine.

A

établissement de ce genre a été fondé en 1800. Les membres de ce bureau avaient invité le Comité central qui le représentait auprès de l'autorité administrative, à en provoquer la formation d'un plus grand nombre ; mais nous pensâmes, mes collègues et moi, qu'il fallait attendre que le vœu du pauvre fût librement et spontanément exprimé sur cette forme de secours ; que c'était alors seulement qu'il conviendrait d'établir, comme semblait le désirer ce bureau, une marmite dans chaque arrondissement municipal ; que jusque-là, les membres devaient se borner à tenter quelques essais pour vaincre, par la persuasion et non par la contrainte, la répugnance que la plupart manifestaient encore pour ce genre d'aliment.

Maintenant que le goût de la classe peu fortunée, pour la soupe aux légumes, s'est prononcé, et que Sa Majesté, par son décret du 24 mars dernier, a accordé une distribution journalière et gratuite de deux millions de ces soupes pendant quatre mois, réparties entre tous les départemens de l'Empire ; j'ai cru nécessaire d'ajouter quelques observations à celles contenues dans l'instruction imprimée et publiée par ordre du Ministre de l'intérieur, pour servir de guide à ceux de nos concitoyens qui ne seraient pas encore suffi-

samment familiarisés avec ce genre de préparation.

DES SOUPES AUX LÉGUMES.

LE nom que j'ai adopté de préférence dans
mes deux premiers rapports sur la soupe économique, caractérise mieux sa nature, et c'est
sous cette dénomination qu'elle a commencé
à prendre de la faveur parmi les indigens. On
en trouve la recette dans un écrit qui a paru
à Saintes en 1680; il y est question de deux
espèces de soupes, l'une pour les pauvres,
l'autre pour les riches; toutes deux ont pour
base l'orge et les légumes.

Ces observations préliminaires sembleraient
faire croire que les soupes dont il s'agit appartiennent originairement à la Nation française,
dont le goût pour ce genre de nourriture est
si bien connu de toute l'Europe; loin de nous
cependant la pensée de vouloir affaiblir la re-
connaissance qu'on doit à M. le comte de
Rumford; ce qu'on ne pourra jamais ravir à
ce philosophe bienfaisant, c'est l'idée d'avoir
établi à Munich des ateliers de subsistance,
des cuisines publiques, où la classe la moins
aisée peut se procurer à un prix très-modique
un aliment tout à la fois substantiel et salubre
sans la distraire de ses occupations journa-

lières, en mettant à profit toutes les lumières que la physique et la chimie offrent maintenant dans les laboratoires pour un meilleur emploi de la chaleur.

On sait que la soupe, ce genre de mets par lequel commence ordinairement le dîner du riche comme celui du pauvre, est l'aliment qui renferme le plus d'eau, laquelle, combinée d'une certaine manière, exerce une influence sensible et sur la qualité et sur les résultats de la nourriture. Il appartient à tous les peuples, à tous les siècles, à tous les repas ; il est, après le lait, le premier aliment de l'enfance ; et dans toutes les périodes de la vie, le Français surtout ne s'en lasse jamais ; le soldat à l'armée, le matelot en mer, le voyageur en route, le laboureur au retour de sa charrue, le journalier qui va travailler loin de chez lui, le moissonneur et le vendangeur, trouvent dans la soupe un aliment qu'aucun autre ne saurait suppléer ; la plupart d'entr'eux croiraient n'être pas nourris si elle leur manquait. La soupe aux légumes est donc la subsistance presque unique d'hommes qui ont à vaincre et les chaleurs excessives de la saison et la fatigue du jour.

Des différentes Substances qui entrent dans la composition des Soupes aux Légumes.

Jetons maintenant un coup-d'œil rapide sur les élémens principaux qui constituent ces soupes, et nous verrons qu'ils appartiennent à des végétaux dont l'usage nous est très-familier, qu'ils sont propres à tous les climats, à tous les terrains, à tous les aspects ; que leur culture est facile et leur récolte plus certaine, plus abondante que celles de la plupart des productions du même ordre.

Si ces substances, que nous avons perpétuellement sous la main, sont salubres et nourrissantes, considérées isolément, elles le deviennent bien davantage par leur association ou par une longue cuisson ménagée et à grande eau. Dans son passage à l'état de soupe, la matière nutritive n'a subi d'autres changemens que sa combinaison avec l'eau, et un plus grand développement dans ses propriétés alimentaires, dès qu'on saisit le point d'apprêt qui leur convient le mieux : ces principes une fois reconnus, examinons quel est le grain qui doit avoir la préférence pour servir de base à la soupe aux légumes.

De l'Orge.

Il n'y a pas de doute que ce grain ne soit l'orge. Depuis *Hippocrate* jusqu'à nous, il constitue, sous différentes formes, le régime des malades; il est signalé, dans tous les ouvrages diététiques, comme un aliment médicamenteux. Après le froment, c'est le grain le plus riche en amidon, et il n'a pas besoin d'une fermentation préalable; il y a plus, c'est que cette fermentation préjudicie à la qualité et à la quantité du résultat qu'on en obtient.

Emploi de l'Orge.

Nous pouvons maintenant, en France, monder, perler, gruer l'orge, et l'employer dans ces différens états; mais, pour qu'il donne beaucoup de corps à la soupe et absorbe le plus d'eau possible, il faut en mettre peu à la fois, l'augmenter insensiblement jusqu'à ce que le grain soit entièrement renflé.

Comme tous les moulins opèrent facilement la mouture de l'orge, on peut l'employer en farine après l'avoir blutée, en supposant que ce ne soit pas l'orge mondé dont on se serve, et ce moyen est plus économique; mais il faut d'abord la délayer dans un peu d'eau, et en ajouter successivement jusqu'à ce qu'on ait une bouillie claire, sans aucuns grumeaux; on l'ajoute dans cet état aux autres substances, en remuant sans discontinuer.

Le maïs peut suppléer l'orge; mais, attendu qu'il ne crève pas comme le riz, il faut l'employer en farine, et éviter de passer ce grain au four comme pour en faire des *gaudes*. On peut se servir encore de l'avoine, mais grué, et du sarrasin, mais écorcé, à cause de leur enveloppe extérieure qui est très-désagréable à la vue et au goût, en augmentant ou diminuant leur proportion, selon le degré de consistance qu'ils donnent respectivement au véhicule de la soupe.

Des Pommes de terre.

S'il est essentiel de diminuer la consommation du froment par un plus grand emploi de l'orge, il ne l'est pas moins d'augmenter celle des pommes de terre, puisqu'il est constant qu'un arpent de ces racines nourrit deux fois plus que la même étendue de terrain convertie en blé, sans compter que leur récolte est moins exposée à l'inclémence des saisons. Quelle plante, après les grains de première nécessité, a plus de droit à nos hommages et à nos soins, que celle qui prospère dans les deux continens, à laquelle la France doit l'inappréciable avantage d'avoir pu jouir d'une ressource dans cette affreuse disette que le règne de la terreur avait, pour ainsi dire, organisée ?

Dans le très-grand nombre de variétés de pommes de terre, les grosses blanches, tachées de points rouges à leur surface, doivent être choisies de préférence, parce qu'étant d'un plus gros volume, elles offrent plus de facilité pour être épluchées; que d'ailleurs elles sont toujours à meilleur compte , et n'ont pas moins de qualité pour la soupe que les autres espèces; qu'elle réussit dans tous les terrains, et est la plus féconde.

La ressource de ces racines ne peut, à la vérité, se prolonger toute l'année ; il y a au moins une saison entière où on ne peut plus les employer, non qu'à cette époque leur usage soit susceptible de nuire, mais par la raison qu'elles disparaissent de nos marchés.

Dessiccation des Pommes de terre.

Trois moyens ont été proposés pour enlever à ces racines l'eau qu'elles contiennent par surabondance , détruire le principe de leur reproduction et les amener à l'état de farine.

Le premier de ces moyens serait, sans con-

tredit, le plus simple, le plus naturel et le plus
expéditif pour le temps où la pomme de terre
nous échappe, et demande à retourner à la
terre, mais malheureusement il est le plus dé-
fectueux de tous : il consiste à les couper par
rouelles, à les exposer ensuite sur des claies
pour les sécher au four ou à l'étuve, et les
porter ensuite au moulin pour les convertir
en farine ; mais ce moyen tant vanté doit être
rejeté : dans cet état, elles ne conviennent pas
même aux bestiaux.

Il faut donc que ceux qui veulent mettre en
réserve le superflu de leur provision de pommes
de terre, dans l'espoir d'atteindre la récolte
prochaine, leur fassent éprouver un commen-
cement de cuisson; et, après les avoir pelées
et coupées par tranches, les sécher au four ou
à l'étuve, elles acquièrent alors la transpa-
rence, la sécheresse et la dureté d'une corne,
se cassent net, et présentent dans leur cassure
un état vitreux. J'en ai fait passer, sous cette
forme, dans nos colonies. J'ai remarqué qu'à
leur retour en France la trompe de l'insecte
n'avait pu pénétrer dans leur substance inté-
rieure. J'avais déterminé le célèbre *La Pey-
rouse* d'en embarquer, pour juger combien,
dans cet état, elles étaient susceptibles, ainsi
que leur amidon, de conservation. De combien

de connaissances positives n'a-t-on pas été privé par le sort de cet infortuné navigateur !

Quel que soit l'endroit où l'on dépose les pommes de terre ainsi desséchées, elles se conservent sans s'altérer ; et on peut, à mesure qu'on en a besoin, les porter au moulin, et se servir de la farine qui en résulte, c'est une poudre jaunâtre, semblable à la gomme arabique, qui se dissout dans la bouche, et communique à l'eau une consistance muqueuse et le goût de la pomme de terre cuite; ses propriétés analogues me l'ont fait nommer, à cause du bas prix auquel elle revient, le *salep des pauvres gens*. Il est possible d'en faire aussi des gruaux et des potages au gras.

La nécessité indispensable de faire précéder la cuisson à la dessiccation des pommes de terre, pour obtenir ce bon résultat sans éprouver d'autre déchet que la perte de leur humidité surabondante, est une de ces premières vérités que j'ai établie dans mon Ouvrage sur ces racines, publié dès 1772 par ordre du Gouvernement, et avec l'approbation de la Faculté de médecine de Paris ; il a donné lieu en Allemagne à beaucoup de recherches utiles, on a imaginé entre autres un instrument propre à les broyer quand elles sont cuites : c'est un tube cylindrique de fer-blanc, percé de petits trous comme une écumoire, et à travers lesquels on les fait passer ; de cette racine ramollie par la cuisson, et mise à sécher dans une étuve, il résulte une espèce de vermicelle, dont l'illustre *Malesherbes* m'a rapporté un échantillon au retour de ses voyages en Suisse.

On a proposé de substituer à la dessiccation des pommes de terre blanchies dans l'eau ou préalablement cuites, comme moyen plus prompt et plus économique, un procédé qui consiste à les diviser par tranches, et à les faire macérer dans l'eau pendant huit jours ; mais on n'a pas fait attention que, si pendant cette macération la température est un peu plus élevée que la saison ne le comporte, les pommes de terre fermentent, s'aigrissent, perdent de leur fécule, et contractent un mauvais goût, il n'en faut pas moins invoquer l'opération de les sécher ; or il y a beaucoup moins d'embarras, de soins et d'événemens à courir en préférant le procédé décrit plus haut ; il est d'ailleurs plus économique.

Un autre moyen de conservation, indiqué à une époque où la pomme de terre était encore fort peu connue, et auquel les expériences modernes n'ont rien ajouté depuis cinquante ans, c'est de tirer encore parti de ces racines, pourvu qu'elles ne soient ni cuites ni altérées à un certain point : on les divise à la faveur d'un moulin-râpe et d'un tamis, on en sépare le suc ainsi que la matière fibreuse, et on met à part la fécule qui, bien lavée et séchée, se conserve comme l'amidon pendant des siècles. Cette fécule, à la vérité la partie la plus essentiellement nutritive, ne représente plus que le cinquième en poids des pommes de terre ; mais, si on ne veut pas perdre la matière fibreuse on peut la conserver ; après avoir râpé, on renferme dans un sac de toile ce qui est râpé, on le soumet à la presse, et le marc, divisé par petits pains exposés dans un lieu aéré, se sèche facilement, devient friable, et très-propre à être employé concurremment avec la farine d'orge à la soupe aux légumes.

Emploi des Pommes de terre en farine.

La farine de pommes de terre blanchies et desséchées, leur fécule pure ou pêle-mêle avec la partie fibreuse, remplacent très-utilement ces racines lorsqu'elles ne sont plus à notre disposition, mais seulement pour la soupe ; car il est démontré, par des expériences incontestables, que dans ces différens états elles ne peuvent servir à la boulangerie, que mêlées seulement dans la proportion d'un quart avec la farine de froment, elles rendent le pain lourd, serré, compacte et bis, comme fait la plus belle farine de riz ou l'amidon le plus pur. Or puisque nous avons maintenant un mode de les employer, dans l'état sec, à la préparation de la soupe aux légumes avec la farine d'orge et celle des semences légumineuses, ne songeons plus qu'à augmenter leur culture pour suffire toute l'année à cette destination alimentaire, si propre à suppléer le pain.

On pourrait encore se ménager la ressource des pommes de terre par une préparation analogue à celle du biscuit de mer, et voici de quelle manière : il s'agirait, dans la saison où elles sont à bon compte, d'en consacrer quelques sacs au mode de dessiccation proposé, c'est-à-dire, d'en faire de la farine, de mêler cette farine avec parties égales de pulpe et de fécule des mêmes racines, de former du tout une pâte, et d'y ajouter un dixième de levain de froment, de la diviser par galettes aplaties, et de les cuire fortement. Ce biscuit mis à l'abri des rats et de l'humidité, étant concassé, prendrait sur le feu, au moyen d'un peu de graisse, de sel et d'eau, la forme et le goût d'une panade, très-propre à faire acquérir aux soupes autant de consistance qu'elles en reçoivent, lorsqu'on a la puissance d'employer les pommes de terre en natnre.

DES SEMENCES LÉGUMINEUSES.

Les haricots, les pois, les fèves, les lentilles, sont les autres bases principales des soupes aux légumes, il convient d'en faire sa provision presque immédiatement après la récolte, parce qu'alors on a la liberté du choix, qu'ils sont d'un prix bien inférieur à celui qu'ils acquièrent lorsque la consommation en est devenue générale, et qu'on connaît à peu près la mesure de ses ressources.

Emploi des Semences légumineuses.

Il est possible de faire servir ces semences toutes à la fois ou alternativement pour varier le goût de la soupe, et prévenir les effets de la fatigante uniformité ; mais, pour remédier au défaut qu'elles ont quelquefois, celui d'être difficiles à cuire, on est obligé de les faire macérer dans l'eau pour gonfler : après les en avoir retirées on les fait bouillir à petit feu dans un peu d'eau, on en ajoute à mesure qu'elles l'absorbent jusqu'à parfaite cuisson ; une partie est écrasée et mise en purée ; l'autre reste entière ; par ce moyen la soupe prend plus de consistance et de saveur ; le consommateur, qui aime à voir et à rencontrer sous la dent la semence légumineuse elle-même, aurait une jouissance de plus.

Ces mêmes semences légumineuses abrégeraient infiniment la préparation des soupes, et les rendraient moins coûteuses si on prenait le parti de les convertir en farine, et de les traiter au feu à l'instar de l'orge aussi réduite en farine ; mais avant de les envoyer au moulin il faudrait avoir la précaution de les faire sécher à l'étuve ou au four ; sans cette opération préalable l'humidité qu'elles contiennent, encore très-adhérente à leur principe visqueux, s'échauffe par la rotation des meules, la farine passe difficilement à travers les bluteaux, dont elle graisse le tissu, et s'attache au fond de la chaudière ; mais dans tous les cas on doit éviter de griller, de torréfier les grains dont la farine sert, parce qu'on détruit le principe qui les fait renfler, et donner de la consistance au véhicule de la soupe.

Assaisonnemens des Soupes aux Légumes.

Le beurre, l'huile, le lard, le saindoux, la graisse d'oie, de rôti, du pot-au-feu, de bœuf et de mouton, peuvent être indifféremment employés à la confection des soupes ;

mais comme ces deux dernières substances se trouvent plus facilement dans le commerce, c'est à celles-là qu'il faut s'attacher, toutefois après leur avoir fait subir une préparation peu dispendieuse. Elle consiste à les liquéfier sur le feu, et à les y tenir jusqu'à ce qu'elles commencent à se décomposer, ce qui est annoncé par la tranquillité du fluide et une fumée qui s'élève de sa surface ; on les passe par un linge, et on les coule dans des vases de grès, et, à-demi figées, on y ajoute un bouquet de thym, de laurier ou de sariette. On remarque que la graisse qui a éprouvé l'opération du beurre fondu, se conserve long-temps, et relève la fadeur des autres substances : c'est à M. *Bouriat*, professeur du Collége de Pharmacie, dont le zèle pour tout ce qui est utile aux pauvres est sans bornes , qu'on doit cette économique substitution de la graisse au beurre.

Les racines potagères qu'on fait entrer dans la composition des soupes, comme les carottes, les navets, les panais, les oignons, l'ail, le céleri, doivent être considérées comme autant d'assaisonnemens. Il faut les diviser, et ne les employer que dans la grande marmite où la soupe achève sa cuisson.

C'est une grande économie de temps, d'argent et de soins , que d'avoir une provision d'herbes cuites dans la saison où on ne peut plus se les procurer fraîches. Toutes les ménagères connaissent la manière de cuire l'oseille et la poirée qui en sont la base. La seule remarque à leur faire, c'est qu'elles doivent les saler et les épicer outre mesure, recouvrir ensuite leur superficie d'une bonne couche d'huile ou de graisse pour les mieux conserver.

A l'égard des aromates, quoique dénués de principes nutritifs, ils doivent encore fixer l'attention ; il n'en faut mettre que la quantité strictement nécessaire pour rendre l'aliment plus agréable, sans lui communiquer une saveur âcre, et ne les ajouter à la soupe que quelques instans avant de la distribuer.

Des Fourneaux.

Il nous a paru superflu d'entrer dans de grands détails sur la construction des fourneaux et des chaudières, persuadé que toutes les expériences qui ont été faites dans diverses fabriques, pour établir l'économie du combustible et le plus grand effet qu'il doit produire, sont généralement connus dans nos départemens. L'Instruction sur les Soupes aux Légumes, publiée par la Société philantropique, avec deux planches en taille-douce, 6ᵉ édition,

B

ne laisse rien à désirer à cet égard. Nous nous bornerons à faire observer qu'au lieu d'avoir des chaudières rondes, on peut leur donner la forme carrée ou longue, et construire en conséquence les fourneaux sur lesquels elles doivent être placées.

On trouve, dans l'Instruction publiée et imprimée par ordre du Ministre de l'intérieur, la description d'un fourneau de campagne, destiné à faire cuire économiquement des soupes aux légumes pour 250 personnes. Je ne saurais trop en recommander l'exécution. On prévient aussi que M. *Heuzet,* passage Sainte-Marie, rue du Bacq, fait et vend des modèles de fourneaux en plâtre, pour la somme de 18 francs, au moyen desquels il est très-facile d'en construire dans les départemens.

Préparation des Soupes.

Après avoir passé en revue les substances qui constituent les soupes aux légumes, il ne nous reste plus qu'à indiquer les proportions dans lesquelles on doit les employer, la manière de les assortir et de les combiner entre elles, au point d'en faire un tout homogène. On verra, par les Tableaux suivans, que les moyens de faire varier la nature, la consistance et la saveur de ces soupes, peuvent être multipliés soit à raison du goût des consommateurs, soit relativement aux ressources locales, soit enfin par rapport à la saison.

A côté du grand fourneau, il faut toujours en établir un petit, ayant une marmite en fonte de la capacité d'environ 5o litres de liquide, dans laquelle on fait cuire, crever ou renfler les semences légumineuses, le riz, l'orge et les autres substances qui doivent entrer dans la soupe, toutes préparées.

PREMIER TABLEAU

Pour 3oo Soupes économiques.

Eau de rivière, ou eau pure.. 3go liv.	Céleri, les feuilles seulement..... 2 liv.	
Pommes de terre. 8o	Herbes cuites.... 2 $\frac{1}{2}$.	
Orge mondé..... 25	Thym et laurier sec (de chaque). 3 gros.	
Haricots, pois ou lentilles....... 26	Persil.......... 3 onc.	
Graisse préparée. 2	Les quatre épices. 1	
Sel............ 5	Bois brûlé pendant la cuisson,	
Oignons 1	de 4o à 5o liv.	

Dès la veille au soir, on commence à cuire les pommes de terre dans une marmite surmontée d'un fond percé, placée à côté de la grande, qui doit contenir les soupes ; une heure au plus suffit pour cette opération : lorsqu'elle est achevée, on met dans la même marmite les haricots, qui trempent depuis la veille dans un vaisseau de terre avec un peu d'eau froide ; à mesure qu'ils absorbent cette eau en cuisant, on en ajoute d'autre, avec la précaution de ne jamais les noyer ; moins l'eau surnage, et mieux la cuisson s'opère. Sitôt qu'on les juge cuits, il faut en passer une partie par un cylindre creux percé de beaucoup de trous, pour, à l'aide de cet instrument, en former une purée ; le reste se mêle ensuite avec cette purée sans être écrasé. On conserve le tout dans un vaisseau de terre ou de bois ; on profite de la chaleur qu'a le fourneau, après avoir cuit les pommes de terre et les haricots, pour y mettre l'orge humectée avec suffisante quantité d'eau ; on ajoute un ou deux petits morceaux de bois, et l'orge crève ainsi toute la nuit, et se laisse facilement pénétrer par l'eau ; chaque grain est considérablement renflé, et n'offre plus qu'un riz de la plus grande blancheur. Pendant ces diverses cuissons, qui se font sans peine, et qui n'exigent qu'un peu de surveillance, on pèle les pommes de terre ; le lendemain, au moment de les ajouter à la soupe, on les passe au cylindre.

C'est le matin à six heures qu'il faut com-

mencer à allumer le feu sous la grande marmite, dans laquelle on a mis l'excédant de l'eau
nécessaire aux diverses cuissons qui ont lieu.
On délaye l'orge, les haricots et les pommes
de terre ; on coupe les légumes verts en petits
morceaux avant de les ajouter. Après une heure
d'ébullition, on met la graisse et le sel ; les
aromates ne doivent y être mêlés qu'une demi-
heure avant de distribuer la soupe.

La préparation des haricots, de l'orge et des
pommes de terre, peut se faire également la
veille au matin pendant que la grande marmite
bout. Cette préparation de la veille au soir
n'est bonne que pour la première fois, attendu
qu'on ne pourrait pas distribuer à midi une
soupe, dont diverses substances qui y entrent
demandent elles-mêmes une préparation pré-
liminaire qui dure une matinée, comme l'orge
par exemple.

On observera que l'orge doit être retirée de
la marmite le soir, si elle est cuite dès le matin.
En préparant ainsi la veille au matin les substances qui doivent servir à la soupe du lendemain, il n'y a réellement que la moitié de la
journée d'employée à la confection de 300
soupes. Cette confection, qui, en théorie, paraît très-compliquée, est à la pratique de facile
exécution.

DEUXIÈME TABLEAU.

Eau............	39o liv.	Persil.......	3 poignées·
Riz	20	Sel.........	3 liv. $\frac{1}{2}$.
Ou orge mondé.	3o	Graisse.....	3
Haricots , lentilles, fèves ou pois entiers , c'est-à-dire, en substance..	16	Thym , laurier , sarriettes , ou autres plantes aromatiques	2 gros.
Farines de pois, lentilles , fèves ou haricots...	18	Les quatre épices.......	1 once.
Oignons , carottes, choux, poireaux , oseille, plantes potagères....	1o	Bois brûlé , de 35 à 4o livres.	

On peut mettre ensemble, le matin, à cinq heures, dans la marmite l'orge et les légumes. Après les avoir bien lavés, on y ajoute d'abord trois seaux d'eau ; on augmente ensuite cette quantité en proportion de la cuisson des substances et de leur gonflement. A huit heures, on y met les plantes potagères lorsque toute l'eau est ajoutée ; et à neuf, la farine délayée, comme il est dit par la suite, une partie des plantes a dû être frite avec la graisse. On agite bien le tout pendant une heure d'ébullition et sans discontinuer, ensuite on remue de temps en temps ; car il est dans la nature de cette soupe de s'attacher facilement, inconvénient qu'il faut éviter, puisque la plus légère portion brûlée est capable d'intervertir l'odeur, et changerait le goût de la soupe la plus succulente. Les aromates et le sel se mettent, comme il est prescrit au premier tableau, à midi ; la soupe doit être suffisamment cuite et bien faite, si l'ébullition a été soutenue.

TROISIÈME TABLEAU.

Eau...............	380 liv.	Carottes........	1 livre.
Orge mondé....	40	Persil..........	3 onces.
Farine d'haricots.	12	Laurier et sar-	
— de lentilles..	9	riette (de cha-	
Graisse.........	2	que).........	1 once.
Sel	5	Les quatre épi-	
Poireaux........	1	ces.........	1 once.
Oignons........	$\frac{1}{2}$	Bois..........	35 livres.

Ce procédé abrège beaucoup l'opération ; il suffit, dans ce cas, d'avoir un fourneau avec des registres. On allume le feu à cinq heures du matin ; on fait crever l'orge, en ajoutant de l'eau à mesure qu'elle est absorbée ; ensuite on met les légumes coupés, puis les farines qu'on a eu la précaution de délayer dans un vase séparé avec l'eau de la marmite, avec le sel ou la graisse ; on ajoute les aromates au temps indiqué. Il y a ici économie de bois et de peine. Ce procédé doit être employé dans la saison qui ne permet plus la jouissance des pommes de terre.

QUATRIÈME TABLEAU.

Eau	360 liv.	Herbes cuites . .	4 liv.
Farine d'orge . . .	40	Oignons	1
— de pois	15	Ail	1 once.
— de lentilles .	10	Thym , laurier	
Graisse	3	(de chaque).	$\frac{1}{2}$ once.
Sel	5	Les quatre épi-	
Persil	4	ces	1 once.
Poireaux	2	Bois	28 à 30 l.

Ce procédé du quatrième tableau est le plus prompt et le plus facile à exécuter, et il ne s'agit que de délayer dans un vase séparé les farines avec l'eau préalablement chauffée dans la chaudière. Le moyen est constamment le même pour toutes les farines, c'est-à-dire, qu'il faut ajouter d'abord peu d'eau dans le vase, et l'augmenter jusqu'à ce que l'on ait une bouillie assez claire pour passer par un tamis de crin peu serré ; on la mêle en cet état à l'eau restée dans la marmite avec les légumes qui, cette fois, y ont été mis les premiers. La soupe peut être commencée à neuf heures du matin, et finie à une heure après midi. On ne donne ici ce procédé, que pour prouver combien il est possible de varier les soupes, ainsi que les substances qui les constituent ; ce sont quatre méthodes qu'on peut nuancer à l'infini, selon les habitudes du pays, la saison, et les facultés que l'on a de se procurer au meilleur compte telle ou telle substance plutôt que telle autre.

En connaissant bien la qualité salubre et nutritive d'une substance quelle qu'elle soit, et le degré de consistance qu'elle peut donner à une certaine quantité d'eau, on pourra toujours faire, sans tâtonnement, une bonne soupe économique ; il suffira de comparer cette même substance avec celle portée sur les tableaux.

On ne sera peut-être pas fâché de trouver ici, à la suite de ces tableaux, celui que vient de présenter à la Société Philantropique M. le baron Delessert, et dont cet estimable collègue m'a permis de faire usage.

Tableau pour la préparation

NOMBRE DE SOUPES.	FARINES DE POIS, LENTILLES OU HARICOTS.	HARICOTS.	GRAISSE, SAINDOUX OU BEURRE.
Soupes.	décalitres.	décalitres.	
50	$\frac{1}{2}$	$\frac{1}{2}$	12 décag. ($\frac{1}{4}$ liv.)
100	1	1	25 décag. ($\frac{1}{2}$ liv.)
200	2	2	50 décag. (1 liv.)
300	3	3	75 décag. (1 l. $\frac{1}{2}$)
400	4	4	1 kilog. (2 liv.)
500	5	5	1 kilog. 25 décag. (2 l. $\frac{1}{2}$)
600	6	6	1 kilog. 50 décag. (3 liv.)
700	7	7	1 kilog. 75 décag. (3 l. $\frac{1}{2}$)
800	8	8	2 kilog. (4 liv.)
900	9	9	2 kilog. 25 décag. (4 l. $\frac{1}{2}$)
1000	10	10	2 kilog. 50 décag. (5 liv.)

Nota. Le sac de *Farine* de pois, lentilles ou haricots, contient 20 décalitres, et pèse 105 kilogrammes (210 livres, et le décalitre 5 kilogrammes (10 livres $\frac{1}{2}$) environ.

Le sac de *Haricots* contient 15 décalitres, et pèse 118 kilogrammes

DES SOUPES AUX LÉGUMES, EN ÉTÉ.

HERBES, OIGNONS, CAROTTES, CHOUX, etc., pour une valeur de	SEL.	PAIN coupé en petits morceaux, 3 DÉCAGR. (1 once) PAR SOUPE.	EAU	
			litres.	voies.
15 c. (3 s.)	½ kil. (1 liv.)	1 kilog. ½ (3 liv.)	45	(1 ½)
30 c. (6 s.)	1 kil. (2 liv.)	3 kilog. (6 liv.)	90	(3)
60 c. (12 s.)	2 kil. (4 liv.)	6 kilog. (12 liv.)	180	(6)
90 c. (18 s.)	3 kil. (6 liv.)	9 kilog. (18 liv.)	270	(9)
1 fr. 20 c. (24 s.)	4 kil. (8 liv.)	12 kilog. (24 liv.)	360	(12)
1 fr. 50 c. (30 s.)	5 kil. (10 liv.)	15 kilog. (30 liv.)	450	(15)
1 fr. 80 c. (36 s.)	6 kil. (12 liv.)	18 kilog. (36 liv.)	540	(18)
2 fr. 10 c. (42 s.)	7 kil. (14 liv.)	21 kilog. (42 liv.)	630	(21)
2 fr. 40 c. (48 s.)	8 kil. (16 liv.)	24 kilog. (48 liv.)	720	(24)
2 fr. 70 c. (54 s.)	9 kil. (18 liv.)	27 kilog. (54 liv.)	810	(27)
3 fr. (3 fr.)	10 kil. (20 liv)	30 kilog. (60 liv.)	900	(30)

(240 livres) et le décalitre 8 kilogrammes (16 livres) environ.

La voie d'eau est de 2 seaux ; chaque seau contient 15 litres.

Chaque Soupe est de $\frac{3}{4}$ de litre, et pèse $\frac{3}{4}$ de kilogrammes (1 livre $\frac{1}{2}$.)

Distribution des Soupes.

Plus la soupe est chaude quand on la mange, plus elle fortifie et rassasie ; il importe donc après qu'elle est faite de l'entretenir à un degré voisin de l'ébullition, afin de pouvoir la distribuer à ce degré le plus convenable à l'indigent et à l'effet nutritif.

Il est aussi très-essentiel, à raison de l'habitude et de la nécessité de la mastication, d'ajouter à chaque portion qu'on distribue six gros de pain grillé ou séché au four ; ce pain prolonge le plaisir de manger, ainsi que l'a si judicieusement observé M. le comte de *Rumford* ; il excite la salive, qui, se mêlant à l'aliment, le rend plus sain et d'une plus facile digestion. A midi commence la distribution ; elle dure deux heures ; on met dans un vase particulier une certaine quantité de soupe, et, avec une mesure de fer blanc, on la distribue aux consommateurs. Cette distribution se compose de deux classes d'individus, de l'ouvrier qui voudra y participer moyennant le prix auquel elle reviendra, ou du pauvre qui présentera la carte qu'il aura reçue du souscripteur.

Néanmoins, tout partisan que je sois des soupes aux légumes, mon intention n'est point de l'admettre uniquement et indifféremment pour les hommes de tous les âges, de tous les pays et de toutes les conditions. Je suis donc bien éloigné de proscrire les autres soupes et surtout la soupe grasse, c'est-à-dire, la soupe à la viande.

Il y a long-temps que nous avons dit que l'agriculture, en France, ne serait prospère qu'autant que la consommation de la viande augmenterait des deux tiers, parce qu'alors nous pourrions nous dispenser de tirer de l'étranger une partie de nos cuirs, de nos laines et de nos suifs, et que la masse des engrais plus considérable accroîtrait d'autant le produit de nos récoltes. On a droit d'être étonné que dans l'Empire il y ait encore des cantons entiers où la viande ne paraît sur la table qu'à l'occasion de quelques fêtes de famille, ou de solennités publiques. Quelle honte pour notre patrie d'être ainsi tributaire des matières premières que le sol de la France peut fournir abondamment ! Hâtons-nous de réparer nos fautes ou plutôt celles de l'ancienne administration, et n'oublions jamais que la véritable richesse d'une nation consiste à avoir beaucoup à vendre ou à échanger, et peu à acheter.

Mais c'est moins sur la composition des soupes économiques que je crois nécessaire d'insister, que sur la facilité et la promptitude de leur confection, et relativement aux avantages qu'il y a déjà, dans quelques circonstances critiques, de pouvoir faire vivre un grand nombre d'individus réunis dans la même enceinte.

Si l'établissement des soupes économiques a eu d'abord pour objet spécial le soulagement de la classe la moins fortunée, l'expérience n'a pas tardé à démontrer qu'on pourrait en retirer d'autres avantages aussi précieux. Arrêtons-nous à en indiquer les plus frappans.

Avantages des Soupes aux Légumes, considérées sous leurs différens rapports.

De tous les peuples de l'Europe, le Français est celui qui consomme le plus de pain, et c'est un aliment coûteux. Les soupes aux légumes en opéreraient une grande économie. Le froment, avec lequel on obtient le meilleur, a à supporter une manutention pénible, d'autant plus dispendieuse qu'elle est le lot d'un plus grand nombre d'hommes.

L'usage plus commun des soupes étant, comme nous l'avons déjà observé, un moyen puissant d'accréditer parmi nous un plus grand emploi de l'orge sous toutes les formes que ce grain peut prendre, de maintenir, d'étendre même la culture des pommes de terre et des semences légumineuses, et surtout des haricots si faciles à venir et si constamment productifs, en remédiant à l'abus qu'on peut faire des secours en argent.

Ce n'est pas seulement la consommation du pain que l'usage des soupes aux légumes diminuerait, il produirait une épargne considérable sur le combustible et les frais de main-d'œuvre; la facilité de procurer aux pauvres une substance assurée dans une saison où les besoins semblent se multiplier à mesure que les moyens d'y satisfaire diminuent la certitude qu'ils ne mésuseront pas des secours qu'on peut leur faire en argent ; la préparation de la nourriture en grand offre des avantages incalculables ; on ne saurait assez les faire sentir. Ah ! s'il était possible de n'avoir qu'un four pour cuire le pain de tous les habitans d'une commune, et une seule marmite pour préparer la soupe, certes on économiserait bien des soins, du bois, en même temps qu'on obtiendrait un aliment plus parfait et au plus bas prix.

Faut-il s'étonner si, d'après ces avantages incontestables, tant d'efforts se sont réunis pour fournir à mille personnes à la fois, à raison de sept centimes et demi par ration de vingt-quatre onces (ce prix peut diminuer ou augmenter un peu, d'après les proportions de l'abondance des légumes et de leur bon marché), une nourriture fondamentale, et opérer parmi les indigens une révolution dans l'habitude de se nourrir? Des souscriptions ont été ouvertes dans les différentes contrées de l'Europe, et ont eu un tel succès, qu'on a vaincu leur répugnance au point que maintenant ils manifestent envers ce genre de secours une prédilection que les préjugés et les critiques tenteraient vainement d'affaiblir ; pourquoi l'usage des soupes économiques ne se répandrait-il pas parmi les citoyens estimables qui, vivant du produit de leur travail, trouveraient dans ces soupes plus de ressource qu'ils ne peuvent s'en procurer avec la même somme d'argent? Des traiteurs populaires, qui vendraient dans les lieux où il y a de grands rassemblemens d'ouvriers, de quoi tremper leur soupe, pourraient venir aux grandes marmites s'approvisionner, ou en préparer chez eux, et en former insensiblement le fond de leurs cuisines.

Après nous être convaincus que le Ministre de la marine pouvait faire une application utiles des soupes économiques aux établissemens soumis à son administration, nous avons fait quelques tentatives pour les introduire aux armées ; mais notre collègue *Carnot*, alors Ministre de la guerre, à qui il suffisait que la proposition laissât entrevoir l'espérance d'améliorer la nourriture du soldat, pour qu'elle reçût de lui un accueil favorable et fixât son attention, nous a observé avec raison qu'il était réellement impossible d'admettre ce genre d'aliment pour les troupes en campagne, vu la rapidité de leurs mouvemens, la multiplicité des détachemens, et l'embarras qu'exigerait dans les marches l'attirail de sa préparation ; il a ajouté qu'on ne pouvait le proposer que pour les garnisons sédentaires, et surtout à la paix, lorsqu'un chef intelligent et zélé sera parvenu à leur inspirer le goût d'une nourriture contre laquelle le soldat aura d'abord de la prévention, et à leur en faire connaître et apprécier le mérite sous les rapports de la santé et de l'économie.

Quoiqu'il ne faille pas être doué d'une grande intelligence pour réussir dans ce genre de préparation, nous ne pouvons nous dispenser de faire remarquer qu'il exige cependant l'emploi de quelques précautions essentielles à son succès ; si la soupe n'a pas bouilli doucement et un certain temps, elle est exposée à conserver le goût de colle ou de verdeur, qui appartient à la farine des graminées et aux semences légu-

mineuses ; si on ne la remue pas sans discontinuer pendant sa cuisson , pour empêcher la
farine de se pelotonner , contracter trop de
chaleur , et d'adhérer au fond de la chaudière,
elle prend facilement le goût de brûlé et d'em-
pyreume ; si les ingrédiens qui la constituent ne
sont pas de bonne qualité et dans les proportions convenables , cette soupe pourrait être
fade : aussi a-t-elle quelquefois manqué , et
donné lieu à des plaintes , lorsque le défaut
ne dépendait absolument que de l'inattention
de la personne à qui l'on en avait confié la préparation. Il faut d'ailleurs que le pauvre sache
que le meilleur cuisinier a quelquefois donné
à son maître un médiocre potage , tout en y
employant beaucoup et d'excellente viande.

Au reste les plus respectables autorités ont
prononcé en faveur des soupes aux légumes.
La Faculté de Médecine de Paris a reconnu
leurs effets salutaires , et mes honorables collègues de la Société Philantropique , commis-
saires chargés de surveiller leur préparation ,
ont remarqué que, dans les quartiers où sont
situés les fourneaux , les enfans des indigens
sont plus complètement nourris , et se portent
mieux qu'ailleurs. Il y a dans ce moment ,
20 avril 1812 , quarante et un établissemens
de soupes aux légumes, en activité , et où il

se prépare journellement 24,600 soupes ; chaque soupe pèse une livre et demie , et sustente plus qu'une demi-livre de pain.

Résumé.

Nous terminerons ces observations sur les avantages que les soupes aux légumes , dites à la *Rumford*, doivent procurer à la Société entière, par l'exposé abrégé des principaux points sur lesquels nous avons cru devoir particulièrement insister ; il résulte de ce qui précède :

1°. Que les objets qui composent la soupe aux légumes sont bons, considérés chacun à part ; mais que , réunis par leur combinaison avec l'eau, au moyen d'une cuisson insensible , ils offrent dans l'état chaud un tout plus élaboré, plus homogène, plus économique et plus approprié à l'effet alimentaire.

2°. Que cette soupe , dont on peut varier à l'infini la saveur et la consistance , est dans toutes les périodes de la vie , susceptible de fournir , à peu de frais , à l'universalité des consommateurs les moins aisés une ressource alimentaire, que nulle autre ne saurait remplacer aussi avantageusement ; elle réussit au premier âge et à la décrépitude.

3°. Qu'en accréditant son usage dans tous

les établissemens publics où il s'agit de nourrir complètement, à bon compte et sainement beaucoup d'individus, ce sera un moyen assuré de maintenir, d'étendre même la culture de l'orge, des semences légumineuses et des pommes de terre, d'où résultera nécessairement une augmentation dans la masse des subsistances, et une diminution sur la consommation du pain, effrayante par ce qu'elle exige de terrain et coûte à l'agriculture.

4°. Que la nourriture fondamentale, ainsi préparée en grand pour 5 à 600 personnes à la fois réunies dans la même enceinte, opérera encore une épargne considérable sur les frais du combustible, de la main-d'œuvre, et réduira l'aliment au plus bas prix.

5°. Que c'est principalement dans les ports de mer et auprès des bagnes, que les établissemens des soupes économiques deviendront d'une grande utilité.

6°. Que les hommes placés à la tête des grandes administrations, doivent avoir pour objet spécial de multiplier les premières ressources alimentaires, et de nourrir un plus grand nombre d'indigens sans accroître les dépenses, et se bien pénétrer que la véritable aumône consiste à donner du travail et de la soupe aux légumes.

7°. Que les soupes économiques sont le moyen le plus efficace de remédier à l'abus qu'on peut faire des secours en argent, le plus funeste de tous, parce qu'au lieu de soulager les besoins réels, il ne sert souvent qu'à satisfaire les passions, telles que la boisson des liqueurs fortes et les perfides espérances des jeux de hasard ; ce qui contribue à l'encombrement des hôpitaux et à entretenir la fainéantise, d'où naît la mendicité, ce fléau des états.

8°. Enfin, que le fourneau de M. le comte de *Rumford*, qui n'est que l'application des sciences physiques sur les moyens de distribuer économiquement le calorique, doit être employé non-seulement à la confection de la soupe aux légumes, mais encore de toutes celles qu'on prépare en grand, et généralement pour toutes les chaudières destinées aux procédés des arts et des manufactures.

Observations générales.

Ceux à qui il resterait encore quelques préventions sur la valeur réelle des soupes économiques, devraient bien se transporter dans les cantons les plus reculés des grandes cités, près des hommes qui ont à vaincre et les chaleurs excessives de la saison et la fatigue du jour, pour en goûter la soupe qu'ils préparent dans leurs foyers ; ce n'est souvent que de l'eau chaude, assaisonnée avec un chétif morceau de lard, et dans laquelle nage un morceau de pain noir et compacte. Il n'y en a pas un d'entr'eux qui ne préférât la soupe aux légumes à un pareil potage. Rendons moins indifférens les cultivateurs sur la possibilité d'obtenir d'une petite étendue de terrain, une grande quantité de subsistances; montrons-leur à tirer parti des ressources locales, et écartons de leur chaumière les maux dont le manque d'alimens ou leur mauvaise qualité sont presque toujours la principale cause.

Mais c'est principalement au zèle éclairé de MM. *Benjamin Delessert* et *Decandolle*, qu'on est redevable des plus précieux résultats à cet égard; leurs noms sont inscrits à jamais dans les annales de la bienfaisance, comme celui de M. le comte de *Rumford*, et rappelleront long-temps des secours essentiels rendus à l'indigence. Ils ont formé le premier noyau de la Société des soupes économiques, réunion généreuse, dont l'objet était de créer dans les momens les plus difficiles, des ressources alimentaires.

Tel fut l'élan de cette utile association qu'il se communiqua à tous les ordres de l'état. J'ai vu dans des réduits qui n'offraient pas même à la vieillesse, à la fatigue de quoi se reposer un instant, et dont l'aspect seul eût repoussé bien loin nos égoïstes et dédaigneux sibarites; j'ai vu des membres des premières autorités de l'Empire, des ex-ministres, des administrateurs, des généraux, d'anciens magistrats, des hommes de lettres, des savans, des négocians, se disputer à qui s'occuperait le plus constamment et le plus efficacement du principal aliment du pauvre, et se confondre avec les respectables filles de *Vincent de Paule*, pour aviser aux moyens de rendre les soupes aux légumes plus abondantes et plus substancielles. L'éloquent *Bossuet*, dans une pareille circonstance, n'a pas donné de la bienfaisance un caractère plus auguste et plus touchant.

Grâces soient rendues à la vénérable société des soupes aux légumes, devenue aujourd'hui la Société Philantropique. La subsistance étant le premier des besoins, a dû obtenir ses premières sollicitudes; et, depuis le peu de temps qu'elle existe, elle a, comme l'a si bien dit M. *Dupont de Nemours*, procuré deux millions huit cent mille fois l'avantage de dîner à quelques-uns de nos concitoyens, contribué à la formation de plusieurs écoles gratuites, où la bonté de la méthode de M. *Choron* pour apprendre à lire et à écrire a été constatée. C'est à sa bienveillante sollicitude que la ville de Paris doit l'établissement des dispensaires, et que le monde entier sera redevable des Sociétés de prévoyance. Si, en multipliant les ressources alimentaires avec d'aussi faibles moyens, elle a, pour ainsi dire, opéré le miracle de l'Evangile, que ne va pas produire le secours en subsistance accordé par Sa Majesté, dans tout l'Empire, à la classe indigente !

FIN.

TABLE

De ce qui est contenu dans cette Instruction.

www.ingramcontent.com/pod-product-compliance
Lightning Source LLC
LaVergne TN
LVHW050644060726
842527LV00004B/1473